Inklusion. Vielfalt und Diskriminierung im Erleben von Kindern

Jana Burger

G R I N ☺

Bibliografische Information der Deutschen Nationalbibliothek:

Die Deutsche Nationalbibliothek verzeichnet diese Publikation in der Deutschen Nationalbibliografie; detaillierte bibliografische Daten sind im Internet über http://dnb.d-nb.de abrufbar.

ISBN: 9783389088036
Dieses Buch ist auch als E-Book erhältlich.

© GRIN Publishing GmbH
Trappentreustraße 1
80339 München

Druck und Bindung: Books on Demand GmbH, Norderstedt Germany
Gedruckt auf säurefreiem Papier aus verantwortungsvollen Quellen

Das Buch bei GRIN: https://www.grin.com/document/1519166

Pädagogische Hochschule Karlsruhe
B.A. Pädagogik der Kindheit
Modul 8: Diversität und Antidiskriminierung

HAUSARBEIT

INKLUSION

VIELFALT UND DISKRIMINIERUNG IM ERLEBEN VON KINDERN

07.03.2022
Jana Burger

Inhaltsverzeichnis

1. Einleitung...1

2. Inklusion 2

3. Vielfalt & Diskriminierung im Erleben von Kindern 4

4. Ansätze für eine inklusive pädagogische Praxis 8

5. Zusammenfassung...10

1. Einleitung

„Ein Gespenst geht um: Inklusion" (Werning, R./ Werning, M. 2015, S.10). Diesen Vergleich verwenden Werning, R. & Werning, M. (2015) in ihrem Buch, um die Thematik der Inklusion zu beschreiben. Ihrer Auffassung nach ist die Inklusion mit einem Geist vergleichbar, denn das Thema der Inklusion sei genau wie ein Geist oft nur schwer greifbar, nicht wirklich ersichtlich oder sichtbar und würde dadurch oft furchteinflößend wirken. Das Konzept der Inklusion kann nicht einfach beantwortet, erklärt oder definiert werden und wirft häufig viele Fragen auf. Trotzdem wird es mit hohen Ansprüchen, Erwartungen oder dem Versprechen verbunden, Schwierigkeiten der Unterschiedlichkeiten und Diskriminierung im Bildungssystem zu überwinden (vgl. Werning, R./ Werning, M. 2015, S. 10f.).

In der Gesellschaft ist das Thema der Gerechtigkeit und Chancengleichheit bei der Erziehung und im Bildungssystem immer relevanter geworden. Häufig führen bestimmte Voraussetzungen wie die Herkunft, der Migrationsstand oder andere individuelle Biographien, zu Benachteiligung und Diskriminierung. Dies gilt es im Interesse der gesellschaftlichen Entwicklung durch Inklusion zu verhindern (vgl. Reich 2012, S.9). Um Diskriminierung abzubauen und Chancengleichheit zu ermöglichen, wird Inklusion auch als wesentliche Aufgabe von Kindertageseinrichtungen gesehen, um schon früh Wertschätzung für Heterogenität aufzubauen und ein Bildungskonzept zu verfolgen, das sich mit Gleichheit und Differenzen auseinandersetzt (vgl. Wagner 2013, S.10f.).

Die vorliegende Hausarbeit beschäftigt sich mit der Thematik der Inklusion, vor allem in Bezug auf das frühe Kindesalter und soll dabei zur Beantwortung folgender Forschungsfrage dienen: Wie erlebt ein Kind Vielfalt und Diskriminierung und wie können Fachkräfte Kindern eine inklusive und vorurteilsbewusste Erziehung ermöglichen? Dabei wird sich diese Arbeit vor allem auf das Kindergartenalter beziehen und dementsprechend auch auf das pädagogische Arbeiten und Ansätze in Kindertagesstätten. Diese Hausarbeit beschränkt sich bewusst auf Inklusion im Kontext frühkindlicher Bildung und geht auf einige Bereiche der Inklusion nicht ein, wie zum Beispiel die Gesetzeslage der Inklusion oder seine historische Entwicklung, da Inklusion ein sehr umfangreiches Thema ist und in diesem Rahmen nicht alle Themengebiete mit einbinden kann.

Im ersten Kapitel dieser Hausarbeit wird das Thema der Inklusion genauer beleuchtet. Hier wird veranschaulicht, wie Inklusion definiert wird und welche Aufgaben und Ziele das Konzept verfolgt. Im Anschluss wird thematisiert, wie Kinder Vielfalt und Diskriminierung erleben und wahrnehmen. Dabei wird der Frage nachgegangen, mit welchen Vorurteilen und Stereotypen Kinder aufwachsen und welche Auswirkungen diese Vorurteile auf betroffene Kinder haben können.

Im darauffolgenden Kapitel werden Ansätze aufgezeigt, wie pädagogische Fachkräfte inklusiv handeln und agieren können, um in ihrem eigenen Handeln vorurteilsfreier zu werden, Kindern einen Raum der Gleichberechtigung bieten zu können und Werte der Unvoreingenommenheit und Offenheit auch an Kinder weiterzugeben. Am Schluss wird eine allgemeine Zusammenfassung des Themas gegeben.

2. Inklusion

Das Thema der Inklusion ist allgegenwärtig und wird in Deutschland stark diskutiert (vgl. Wagner 2013, S.11) Insbesondere seit der Ratifizierung und in Kraft treten der UN-Behindertenrechtskonvention über die Rechte von Menschen mit Behinderung, wo der Begriff „inclusion" verwendet wird, ist dies auch in Deutschland und in Bereichen der Pädagogik und der Schulsysteme ein präsentes Thema (vgl. Lee 2012, S.11). Jedoch ist eine allgemein geltende Definition für den Begriff Inklusion schwierig zu finden und auch nicht klar vorhanden (vgl. Werning, R./ Werning, M. 2015, S.15). Während Begriffe wie „inclusion" und „Inclusive education" in vielen offiziellen Deklarationen auftauchen, wie zum Beispiel von der UN-Konvention und auch in der UNESCO Erklärung 1994, wird in deutschen Übersetzungen meist der Begriff der Integration benutzt (vgl. Booth 2012, S. 36). Integration ist in Deutschland ein gängiger Begriff, der vor allem den pädagogischen Bereich der schulischen Förderung von Kindern und Jugendlichen mit Behinderungen thematisiert (vgl. Werning, R./ Werning, M., S.15f). Inklusion hingegen kann als „optimierte und umfassend erweiterte Integration" gesehen werden (Sander 2004, zit. n. Werning, R./ Werning, M. 2015, S.16). Inklusion versucht sich nicht nur auf Kinder mit Behinderung zu beziehen, sondern sich umfassender mit der Vielfalt von Personen(gruppen) zu beschäftigen (vgl. Ahrbeck 2014, S.88).

Reich (2012) erläutert, dass der Hintergrund dieser Entwicklung hin zur Inklusion im Wandel von Haltungen und Vorstellungen in der Gesellschaft seinen Ursprung findet. Während früher deutlicher zwischen Einheimischen und Fremden unterschieden wurde und eine starke Abgrenzung der verschiedenen Nationen herrschte, ergaben sich durch die vergangenen Migrationswellen neue Verhältnisse zwischen verschiedenen Nationen und Kulturen, die sich in der Moderne und Heutzutage mit ihren Herkünften, Verhaltensweisen und Denkgewohnheiten durchmischen somit eine neue Vielfalt und Diversität entsteht. Auch die neue Vielfalt von Lebensformen und Lebensstile, in denen neue Möglichkeiten und Wege entstanden sind, Beispielsweise bei der Wahl seiner Sexualität und Partnerschaften, der Religion und anderen persönlichen Orientierungen, ergeben einen neuen Umschwung und ein Umdenken in der Gesellschaft (vgl. Reich 2012, S. 33f).

„Je mehr sich die Gesellschaften in Richtung einer Diversität, einer Vielfalt von Lebensmöglichkeiten und Lebenschancen auf der Grundlage demokratischer Freiheits- und Menschenrechte entwickelt, desto stärker rücken Vorstellungen der Inklusion…in den Vordergrund" (Reich 2012, S.35).

Hinz zeigt auf, dass sich Inklusion mit allen Dimensionen von Heterogenität befasst, dabei geht es unter anderem um unterschiedliche Fähigkeiten, Geschlechterrollen, Sprachen, Religionen, Kulturen, Rassen, soziale Milieus und körperliche Behinderung. Inklusion richtet sich auch gegen die Vorstellung und Konstruktion in eingrenzenden (zweigeteilten) Kategorien zu denken und zu unterteilen, wie zum Beispiel in Deutsche und Ausländer, Männer und Frauen oder Menschen mit Behinderung und Nichtbehinderte (vgl. Hinz 2012, S. 33).

„Inklusion im Bildungsbereich bedeutet, dass allen Menschen die gleichen Möglichkeiten offenstehen, an qualitativ hochwertiger Bildung teilzuhaben und ihre Potenziale zu entwickeln, unabhängig von besonderen Lernbedürfnissen, Geschlecht, sozialen und ökonomischen Voraussetzungen" (UNESCO 2014, S.9). Damit wird die Vielfalt und Individualität von Personen betont und insbesondere das Ziel der Chancengleichheit und Bildungsgerechtigkeit hervorgehoben (vgl. Ahrbeck 2014, S.89). Inklusion macht es sich somit auch zur Aufgabe, Diskriminierung jeglicher Risikogruppe vorzubeugen und gar zu überwinden (vgl. Werning, R./ Werning, M. 2015, S. 17). Ausgrenzung und Exklusion von benachteiligten Gruppen soll von der Gesellschaft bewusster wahrgenommen und schließlich auch abgebaut werden (vgl. Sulzer 2013, S.14).

Um dies zu erreichen, betont Reich (2012), dass die Vorstellungen und das Konzept von Inklusion einen Wandel des Bewusstseins der Gesellschaft fordern. Um Diskriminierungen in Zukunft zu vermeiden, soll erreicht werden, dass nicht mehr der Fremde oder Betroffene sich an ein bestimmtes Bild von Gesellschaft anpassen muss oder angepasst wird, sondern die Gesellschaft ein Umdenken und ein anderes Selbstverständnis von Vielfalt entwickelt. Jedoch muss hierbei beachtet werden, das gewisse Differenzen zwischen einzelnen Gruppen oder Personen nicht vollständig aufgehoben und verhindert werden können (vgl. Reich 2012, S.35). Zentrale und leitende Begriffe und Tätigkeit für eine gelingende Inklusion und auch die einer inklusiven Gesellschaft sind unter anderem eigene freiwillige Verantwortungsübernahme und Sorge der Gemeinschaft (Community Care), Engagement und Teilhabe (vgl. Frühauf 2012, S.22). Gesellschaftliche Werte wie Gleichheit, Respekt vor der Vielfalt als auch Partizipation werden angestrebt und sind die Vorstellungen einer inklusiven Gesellschaft (vgl. Werning, R./ Werning, M. 2015, S. 17). Durch seine Absichten, Vorstellungen und Ziele eine inklusive Gesellschaft zu erlangen, besitzt das Konzept der Inklusion eine visionäre Dimension und dient vielmehr als Orientierung für zukünftige Entwicklungen und den stetigen Wandel in der Gesellschaft - und findet in seiner Vision und Zielsetzung wohl nie eine endgültige Vollendung (vgl. Hinz 2012, S.34).

Im anschließenden Kapitel wird aufgezeigt, mit welchem Gesellschaftsbild und Wertvorstellungen Kinder von Beginn an aufwachsen, und wie sie Vielfalt und Diskriminierung erleben.

3. Vielfalt & Diskriminierung im Erleben von Kindern

Bereits in frühen Jahren entwickeln Kinder eine Vorstellung über andere Menschen und nehmen Unterschiede wahr, die verbunden mit ihrer sozialen Zugehörigkeit und wesentlicher Teil ihrer Identität sind (vgl. Wagner 2013, S.26). Schon früh beginnen Kinder, Bewertungen anhand bestimmter Identitätsmerkmale vorzunehmen und diese in Bezug zu ihrem Verhalten zu setzen, zum Beispiel bei ihren Spielinteressen und der Wahl ihrer Spielpartner. Dabei unterscheiden sie unter anderem die Zugehörigkeit zwischen Jungen oder Mädchen und nehmen Bezug auf das Alter oder die Religion (vgl. Wagner 2013, S. 28).

Petra Wagner (2013) beschreibt, dass Bewertungen abhängig und beeinflusst davon entstehen und sich entwickeln, wie ein Kind aufwächst und in welchem Umfeld es groß wird. Dabei können Unterschiede eine Rolle spielen, in welchen Land ein Kind aufwächst, mit welcher Kultur und Religion es großgezogen wird und ob die Familie Fluchterfahrung oder eine Migrationsgeschichte hat. Auch die sozialen Verhältnisse der eigenen Familie können ein Kind prägen und beeinflussen, je nachdem ob ein stabiles Umfeld gegeben ist oder nicht, wie der soziale Status ist oder in welcher finanziellen Situation sich die Familie befindet (vgl. Wagner 2013, S. 10). „Unterschiede zwischen Kindern sind…verbunden mit ihren sozialen Zugehörigkeiten, die bereits früh wesentlicher Teil ihrer Identitäten sind" (Wagner 2013, S.26). Kinder versuchen sich eine Bedeutung und ein Verständnis für ihre erlebte Welt aufzubauen. Dies geschieht zwar beeinflusst von den Erwachsenen und seinem Umfeld, jedoch besitzt jedes Kind seine individuelle Art, wie es das Beobachtete erlebt, wahrnimmt und verarbeitet (vgl. Wagner 2013, S.11).

„Kinderwelten sind also auch die Lernwege, die Kinder gehen, um ihr Verständnis von der Welt, ihr Bild von sich und anderen Menschen in der Welt in einem aktiven Aneignungsprozess zu konstruieren." (Wagner 2013, S.11).

In ihrem Buch führt Wagner (2013) aus, wie das soziale Umfeld und die Bezugspersonen ein Kind in seinen Wertvorstellungen und in seiner Bewertung beeinflusst, welche Merkmale von Menschen als positiv und erstrebenswert gelten oder negativ und ablehnend. Dies hat Auswirkungen auf ihr soziales Lernen und Handeln. Je nachdem welcher sozialen Gruppe ein Kind angehört und welche Erfahrungen es dementsprechend macht, bildet sich das eigene Selbstbild und die Identität. Erfährt ein Kind überwiegend positive Erfahrungen in der eigenen sozialen Gruppe, so erhält es eher die Chance ein positives Selbstbild zu erlangen als ein

Kind, dass sich schon früh mit Diskriminierung und sozialen Marginalisierung konfrontiert sieht und dementsprechend abgewertet wird (vgl. Wagner 2013, S.87f.).

Kinder entnehmen ihrer Umwelt Botschaften, die bewusst als auch unbewusst Vorurteile vermitteln. Diese begegnen ihnen nicht nur im direkten sozialen Umfeld, sondern auch durch andere Medien wie Bilderbücher oder Filme werden stereotypische Bilder repräsentiert. Häufig übernimmt ein Kind durch die vorherrschenden Einstellungen, mit denen es konfrontiert wird, bestimmte Stereotype oder Vorurteile über Menschen oder Gruppen (vgl. Wagner 2013, S. 27). „Der Glaube an die eigene Höherwertigkeit verbunden mit der Vorstellung von Minderwertigkeit der anderen betont die Unterschiede und ignoriert Gemeinsamkeiten zwischen Menschen" (Wagner 2013, S.88).

Wenn man genauer auf vorliegende Untersuchungsergebnisse blickt, lassen sich einzelne Bereiche festmachen, in denen Kinder schon früh beginnen, sich auf Unterschiede bei Menschen zu beziehen (vgl. Wagner 2013, S.89).

Wagner führt dazu aus, dass bereits Kinder mit neun Monaten anfangen, unterschiedliche Hautfarben wahrzunehmen und ab dem 3. Lebensjahr ein positives Bild von Weißen und ein negatives Bild von Schwarzen Personen entwickeln, verbinden zum Beispiel anerkannte Berufe mit heller Hautfarbe. Auch gegenüber Menschen, die eine andere Sprache sprechen, empfinden und äußern Kinder zwischen dem 5. Und 7. Lebensjahr Ablehnung (vgl. Wagner 2013, S.89). Das Thema von der ethnisch-nationalen Herkunft ist ein Aspekt der sozialen Vielfalt, der jedoch selten wertfrei und neutral betrachtet wird (vgl. Krause 2013, S.137). Kinder erleben schon früh, dass äußere Merkmale mit dem familiären Hintergrund und der Herkunft zusammenhängt (vgl. Krause 2013, S. 129).

„Die Herkunftsfrage spielt in der Einwanderungsgesellschaft eine besondere Rolle, denn sie fordert die Gefragten auf, sich als Angehörige einer „bestimmten national, ethnisch und kulturell definierten Gruppe von Menschen darzustellen. Das ist verbunden mit Zuschreibungen, Bewertungen und Erwartungen…" (Krause 2013, S.130).

Kinder beginnen aus einem eigenen, ungesteuerten Interesse Ethnizität zu thematisieren, um einen Vergleich oder Abgrenzung von Merkmalen führen zu können (vgl. Krause 2013, S. 131). Dabei werden vor allem Kinder, die anderer ethnisch-nationaler Herkunft sind, früher damit konfrontiert, sich über die Unterschiede bewusst zu werden und damit auseinander zu setzen, als Beispielsweise ein deutsches Kind in Deutschland. Allgemein werden Stereotypen spielerisch von Kindern erprobt und ins Spiel mit eingebaut (vgl. Krause 2013, S. 133f). Hierbei geht es häufig um die Norm- und Idealvorstellung einer Konstruktion des „Deutschsein" und durch welche Merkmale man sich davon abgrenzt und unterscheidet. Diese Idealvorstellung ist historisch geprägt und entstanden und richtet sich nach vorgegebenen sozialen Ordnungen (Mecheril 1997 zit. n. Krause 2013, S.134f).

Boldaz-Hahn (2013) beschreibt, dass sich ein Kind mit heller Hautfarbe in seinem äußeren Merkmal schnell bestätigt und zugehörig fühlen kann, da es mit seiner Hautfarbe zu der Mehrheit in einer Gruppe gehört. Kinder mit dunkler Hautfarbe hingegen sehen sich oft mit dem Unterschied und der stereotypen Darstellung von Menschen mit dunkler Hautfarbe konfrontiert, in denen Schwarz oft mit etwas Negativen, befremdlichen und unheimlichen gleichgesetzt wird. Häufig werden sie im negativen Kontext in Redewendungen oder Büchern dargestellt, oder sie finden weder in ihrem Umfeld, noch in Spaltmaterialien wie Büchern oder Puppen Abbildungen von Menschen mit schwarzer Haut. Dadurch erfahren sie das Gefühl von Misstrauen, Ablehnung, Respektlosigkeit und fühlen sich nicht dazugehörig oder minderwertig in der Gesellschaft (vgl. Boldaz-Hahn 2013, S. 142f). Dies hat Auswirkung auf das Selbstbild und die Akzeptanz der eigenen Hautfarbe (vgl. Boldaz-Hahn 2013, S.143). Die erlebte Stigmatisierung, Ausgrenzung und das Infragestellen der Zugehörigkeit können ein Ohnmachtsgefühl, Existenzängste oder Hoffnungslosigkeit hervorrufen, welches den Lernprozess und die Identitätssuche negativ beeinflusst und Selbstsicherheit nimmt (vgl. Boldaz-Hahn 2013, S.144f).

Auch der Sozio-ökonomischer Status wird bereits ab dem Kindergartenalter wahrgenommen und es bilden sich stereotypische Vorstellungen, jedoch gibt es hierzu nur wenige Untersuchungen und Daten. Kinder entwickeln ein erstes Unterscheiden ihrer Gruppenzugehörigkeit in arm und reich, wobei Kinder mit höheren sozialen Status häufiger angesehen und beliebter als Spielpartner sind. Allgemein entstehen Freundschaftsbeziehungen häufig innerhalb derselben sozialen Gruppe (vgl. Wagner 2013, S.91f). Der Begriff Armut beschreibt zum einem die Unterversorgung in wesentlichen Lebensbereichen, wie zum Beispiel die Einkommenssituation oder Wohnsituation, zum anderen eine soziale Benachteiligung in Bildungschancen oder Spiel- und Freizeitmöglichkeiten. Kinder, die von Armut betroffen sind, fühlen sich dadurch oft nicht zugehörig und ausgegrenzt, erleben eine soziale Isolation und fehlende Teilhabe (vgl. Richter-Kornweitz 2013, S.177). Betroffene Kinder können Gefühle von Neid, Eifersucht und Scham, aber auch Ärger und Aggressionen entwickeln. Kinder versuchen diese Belastungen durch eine aufbauende Gleichgültigkeit, sozialen Rückzug und problem-meidenden Verhalten zu bewältigen (vgl. Richter-Kornweitz 2013, S. 180f.). Armut ist ein Risikofaktor für die Entwicklung von Kindern und Jugendlichen hinsichtlich der ungleichen Chancen auf Gesundheit und Bildung. Es können Defizite in der Entwicklung entstehen, Beispielsweise durch Beeinträchtigung der Wahrnehmungsentwicklung oder der psychischen Gesundheit. Auch das Ausgrenzen und Abstufen (institutionelle Diskriminierung) bei einem niedrigen sozialen Status, wie zum Beispiel dem Schulsystem, hat negative Auswirkungen auf ein Kind (vgl. Richter-Kornweitz 2013, S,179).

Wagner (2013) nennt als weiteren relevanten Bereich die Thematik von Behinderung oder körperlichen Besonderheiten. Kinder besitzen ab dem 3. Lebensjahr ein Bewusstsein für die körperlichen Unterschiede oder Beeinträchtigung anderer, worauf sich später sowohl positive als auch negative Haltungen gegenüber Behinderung entwickeln und Vorurteile und stereotype Vorstellungen aufkommen. In Einrichtungen, in denen behinderte und nicht behinderte Kinder zusammen sind, bleiben Kinder ohne Einschränkungen oft unter sich und beziehen behinderte Kinder häufig nicht ins Spiel mit ein. So erfahren sie ein Gefühl der Ablehnung und betroffene Kinder erleben sich als weniger kompetent wie die Anderen (vgl. Wagner 2013, S.90). Kinder mit Behinderung begegnen oft negativen Reaktionen und Ausgrenzung, was sie in ihrem Selbstwertgefühl beeinflusst. Auch die Beziehung zu Bezugspersonen ist häufig beeinträchtigt (vgl. Neuhaus 2013, S.123).

Auch den Bereich des Geschlechts und Geschlechterzugehörigkeit zeigt Wagner (2013) auf. Schon im frühen Kindergartenalter verfügen Kinder ein Bewusstsein und ein Wissen um ihre biologisch geschlechtliche Identität. Es entwickelt sich schnell eine geschlechtsstereotypische Verhaltensweise, die auf den Vorstellungen und Erwartungen des erwachsenen Umfelds beruhen und sie werden entsprechend der zugeordneten Geschlechterrolle behandelt (vgl. Wagner 2013, S.91). Kinder beschäftigt es schon früh, was es mit Geschlechterunterschieden auf sich hat und zeigen häufig geschlechtstypisches Verhalten (vgl. Rohrmann 2013, S.93). Meist bevorzugen sie gleichgeschlechtliche Spielpartner und Freunde, was großen Einfluss auf die Entwicklung der geschlechtlichen Identität eines Kindes haben kann, denn hierbei entstehen unterschiedliche Interaktionsstile von Mädchen und Jungen unter sich (vgl. Rohrmann 2013, S.99). Kinder äußern schon früh klischeehafte und stereotype Vorstellungen von Männlichkeit und Weiblichkeit, welche ihnen jedoch vor allem von der Gesellschaft weitergegeben und vorgelebt wurden (vgl. Rohrmann 2013, S.101).
Tim Rohrmann (2013) zeigt auf, dass auch Erzieher mit den Kindern je nach ihrem Geschlecht unterschiedlich umgehen. Beispielsweise werden Mädchen eher ein ruhiges und nicht störendes Verhalten nachgesagt, wodurch sie selten in den (negativen) Fokus einer Fachkraft fallen. Dies kann aber auch als Benachteiligung und wenig Berücksichtigung gesehen werden. Gleichzeitig sind stereotypische Spielreiche für Mädchen, wie Beispielsweise Maltische, oft gut ausgestattet, während Spielzeuge und Themenbereiche, die Jungen zugeschrieben werden, oft nur wenig oder gar nicht präsent vorhanden sind (vgl. Rohrmann 2013, S.96). Diese klare Trennung der Geschlechter mit ihren Zugehörigkeiten, können bei Kindern zu Enttäuschung und Neidgefühlen führen, da sie sich dazu gezwungen und eingeschränkt fühlen, ihrem Geschlecht den Erwartungen nach entsprechen zu müssen, um weiterhin gesellschaftlich

akzeptiert zu werden, obwohl es möglichweiße auch andere Bedürfnisse und Interessen besitzt (vgl. Rohrmann 2013, S.98).

Im anschließenden Kapitel werden Ansätze aufgezeigt, wie pädagogische Fachkräfte inklusiv agieren und handeln können, um allen Kindern eine gerechte Bildung und denselben respektvollen und fairen Umgang zu ermöglichen.

4. Ansätze für eine inklusive pädagogische Praxis

Wie im vorherigen Kapitel thematisiert wurde, erleben und bemerken auch Kinder Unterschiede und Merkmale an sich und Anderen (vgl. Wagner 2013, S.62). Das Kinder mit Unterschieden argumentieren und sich auf Kategorien beziehen, kann auch als eine Fähigkeit der Verarbeitung und dem Entwickeln ihrer sozialen Identität gesehen werden. Jedoch muss dies gleichzeitig hinterfragt werden, da Andere durch diese geführten Bewertungen und Kategorisierungen unter anderem Scham, Herabwürdigung und Ausgrenzung erfahren (vgl. Wagner 2013, S.29). Diese Informationen, die Kinder erhalten und übernehmen, ist ein gesellschaftliches Wissen einer vorherrschenden Dominanzkultur (Hierarchiekompetenz), in der unsere Selbstinterpretation- und Einschätzung, als auch die über Andere, in Kategorien über - und untergeordnet werden (vgl. Wagner 2013, S. 29). Somit erfahren Kinder, die wenig Ähnlichkeiten mit der institutionellen und vorherrschenden Kultur aufzeigen, ein Gefühl der Verunsicherung, Entmutigung und Abwertung und erhalten unter Umständen nicht denselben Umgang und dieselben Bildungsbedingungen wie andere Kinder. Eine inklusive Interaktion soll eine Lernumgebung ermöglichen und bieten, die jedem Kind ein Zugehörigkeitsgefühl vermittelt und einen respektvollen Umgang mit Unterschieden aufzeigt (vgl. Wagner 2013, S.29f.).

Inklusion ist eine wichtige Aufgabe von Kindertageseinrichtungen, die den Anspruch verfolgt, Wertschätzung für Heterogenität aufzubauen (vgl. Wagner 2013, S.10). Des Weiteren fordert das Konzept eine integrative Arbeit der pädagogischen Fachkräfte, Kinder in ihrer Unterschiedlichkeit wahrzunehmen, anzuerkennen und nicht zu bewerten (vgl. Sulzer 2013, S.14). Um dies zu erreichen, ist ein Abbau von Exklusion nötig und das Erkennen und Aufheben von Teilhabebarrieren, die zu Ausgrenzung und Benachteiligung führen. Dafür ist es wichtig für Kindertagesstätten und Fachkräfte, sich systematisch mit dem eigenen professionellen Handeln auseinander zu setzen (vgl. Sulzer 2013, S. 18).

Sulzer (2013) führt dazu aus, dass es eine systemische Arbeit auf mehreren Ebenen benötigt, um die Ursache von Teilhabebarrieren und gesellschaftliche Ausgrenzung erkennen und sie gezielt abbauen zu können. Vorurteile werden zum einen Gesamtgesellschaftlich (ideologisch diskursiv) durch Verbreitung von stereotypen Darstellungen, und zum anderen durch Norm-Vorstellungen in der Öffentlichkeit (Medien, Politik...) vermittelt. Eine weitere Ebene, durch die

Ausgrenzung entstehen kann, ist Interaktional, bei den Personen aufgrund ihres Alters oder wegen ihrer Herkunft missachtet und abgewertet werden. Teilhabebarrieren können jedoch auch institutionell durch routinierte und selbstverständliche Strukturen entstehen, oder subjektiv durch Präsenz von Ururteilen über Andere in der eigenen Vorstellung (vgl. Sulzer 2013, S.16).

Es gilt also ein Bewusstsein für die Ausgrenzungs-Ebenen zu schaffen und Teilhabebarrieren abzubauen, um Vielfalt zu berücksichtigen und Kindern die Möglichkeit geben zu können, ihre Verschiedenheit zu entfalten (vgl. Sulzer 2013, S.20). Für pädagogische Fachkräfte erweisen sich methodisch-didaktische Kompetenzen und Handlungen als hilfreich bei der Umsetzung und Gestaltung einer inklusiven pädagogischen Praxis. Hierbei geht es um eine Alltagsgestaltung von nicht-stereotypen Lernumgebungen und Räumlichkeiten und um die Interaktion mit den Kindern, welche sich darauf bezieht zu erfragen und herauszufinden, wie Kinder Einseitigkeiten und Diskriminierung wahrnehmen und erleben (vgl. Wagner 2013, S.26). Im Vordergrund steht der Ansatz der vorurteilsbewussten Bildung und Erziehung, die sich von diskriminierenden Vorstellungen und Handlungsweisen distanziert und dies durch Interventionen ausspricht (vgl. Wagner 2013, S.30).

Wagner beschreibt Vier Ziele, um die Aspekte von Vielfalt im Leben von Kindern einzubeziehen. Zum einen ist es Ziel, dass Kinder Wertschätzung erfahren und sich als Individuum anerkannt, als auch zu einer sozialen Gruppe zugehörig fühlen können. Ein zweites Ziel ist, Kindern zu ermöglichen, ihre eigenen, bewussten Erfahrungen mit Vielfalt zu sammeln und sich bewusst mit Menschen zu beschäftigen, die anders sind in ihrem Aussehen und Verhalten, um somit Empathie und Wohlbefinden entwickeln können. Auch die Interaktion ist ein drittes Ziel und wichtiges Mittel, um ausführlich über Vorurteile und Diskriminierung zu reden, aber auch zum Denken und kritischem Hinterfragen anzuregen. Eine vierte Zielsetzung ist, Kinder zu ermutigen und zu bestärken, sich selbst aktiv gegen diskriminierende Verhaltensweisen zu äußern und zu wehren (vgl. Wagner 2013, S.30f).

Wagner (2013) betont, um Kindern eine vorurteilsbewusste Bildung und Erziehung entgegenbringen zu können, ist der Prozess und die Aufgabe der Selbst- und Praxisreflektion wesentlicher und wichtiger Bestandteil des Ansatzes und Konzepts. Fachkräfte müssen ein gezielteres Wahrnehmen ihrer eigenen Äußerungen, Handlungen und eine erhöhte Sensibilität entwickeln, um Handlungsfelder und eigene Ausgrenzungsmuster zu erkennen und vorzubeugen, in denen auch die Fachkräfte durch Diskriminierung möglicherweise das Wohlempfinden von Kindern beeinträchtigen (vgl. Wagner 2013, S.247). Dies gilt es auch gemeinsam im eigenen pädagogischen Team zu reflektieren und auszutauschen, um durch verschiedene (subjektive) Sichtweisen deutlicher differenzieren und deuten, und somit Schlüsse für das pädagogische Handeln ziehen zu können (vgl. Wagner 2013, S.251).

Serap Azun (2013) führt aus, dass die Interaktion, Zusammenarbeit und der Austausch mit den Eltern und dem Umfeld des Kindes ein unverzichtbarer, wesentliche Bestandteil einer pädagogischen Einrichtung sind. Das soziale Umfeld eines Kindes und die Kindertageseinrichtung sind die wichtigsten Lebens- und Bezugswelten eines Kindes, in denen es sich jeweils sicher und zugehörig fühlen will und tragfähige Beziehungen erfahren möchte. Es ist wichtig, die soziale, bedeutsame Bezugsgruppe und Familie eines Kindes zu respektieren und anzuerkennen und in einen Austausch mit ihnen zu treten, um sich ein umfassendes Bild eines Kindes erschließen zu können (vgl. Azun 2013, S.229f).

Auch hier ist es wichtig, als Fachkraft das eigene Verhalten und die Wertorientierung zu reflektieren, um in die Interaktion mit den Familien keine Vorurteile oder Stereotypen einfließen zu lassen, die das Verhältnis und die Verständigung miteinander negativ beeinflusst (vgl. Azun 2012, S.223). In jeder Familie herrschen verschiedene Lebensstile, Kultur und (finanzielle) Verhältnisse, die zur Vielfältigkeit der Kinder und somit auch der Kindergärten beitragen (vgl. Azun 2013, S.222).

5. Zusammenfassung

Inklusion ist ein sehr umfassendes und präsentes Thema, welches in seinem Kern eine Kritik äußert im Umgang mit Vielfalt, Verschiedenheit und Voreingenommenheit in Erziehungs- und Bildungssystemen. Inklusion verfolgt den Wunsch und das Ziel einer vorurteilsfreien Gesellschaft. Dafür müssen jedoch tief verankerte Verhaltensmuster aufgearbeitet und aufgelöst werden, in denen bestimmte Merkmale von Personen zu Benachteiligung und Diskriminierung führen. Diese Aufgabe ist jedoch nicht einfach und schnell zu bewältigen, sondern benötigt ein grundlegendes Aufarbeiten und Umdenken in der Gesellschaft und von Fachkräften. Dadurch ist Inklusion ein zukunftsorientiertes und visionäres Konzept, welches Diversität anstrebt und die Anerkennung von Vielfalt. Auch Kinder besitzen schon früh bestimmte Vorurteile gegenüber bestimmten Menschen (Gruppen), obwohl sie selbst oft noch keine eigenen negativen Erfahrungen und Berührungspunkte mit den betroffenen und benachteiligten Gruppen erlebt haben. Daraus wird deutlich, dass Kinder beeinflusst und konfrontiert werden von der Voreingenommenheit seines Umfeldes, welches direkt als auch indirekt ihre Haltungen und Vorurteile an ein Kind weitergeben und vermitteln.

Umso wichtiger ist es, mit Inklusion in der frühkindlichen Bildung anzusetzen - in Kindertagesstätten, als auch im Schulsystem. Kinder stehen noch am Anfang ihrer Entwicklung und darin, sich ein eigenes Bild von der Welt und der Gesellschaft zu erschließen. Gelingt es, Kindern von Anfang an neue Grundsätze und Wertvorstellungen zu vermitteln, entsteht eine neue Perspektive für inklusiv orientierte, gleichberechtigte und chancengerechte

Generationen. Kinder sollen schon früh ein Miteinander von Respekt und Toleranz erleben, Unterschiede anerkennen und als Bereicherung ansehen können.

Dafür ist es nötig, dass die Bezugspersonen und das direkte Umfeld eines Kindes eine Achtsamkeit und Reflexion dafür entwickelt, wo sie möglicherweise Voreinstellungen und diskriminierende Aussagen an ein Kind vermitteln und weitergeben. Diese Verhaltensmuster gilt es abzubauen und aufzulösen. Stattdessen soll in den Vordergrund gerückt werden, sich mehr für Diversität zu sensibilisieren, und durch offene und unvoreingenommene Kommunikation einen anderen, unvoreingenommenen Umgang mit Vielfalt zu finden.

Literaturverzeichnis

Booth, T. (2012): Ein internationaler Blick auf Inklusion: Werte für alle? In: Hinz, A./ Körner, I./ Niehoff, U. (Hrsg.): Von der Integration zur Inklusion. Grundlagen, Perspektiven, Praxis. Marburg: Lebenshilfe, S.53-73

Frühauf, T. (2012): Von der Integration zur Inklusion- ein Überblick. In: Hinz, A./ Körner, I./ Niehoff, U. (Hrsg.): Von der Integration zur Inklusion. Grundlagen, Perspektiven, Praxis. Marburg: Lebenshilfe, S. 11-32

Hinz, A./ Körner, I./ Niehoff, U. (Hrsg.) (2012): Von der Integration zur Inklusion. Grundlagen, Perspektiven, Praxis. Marburg: Lebenshilfe, 3. Aufl.

Lee, J. (2012): Inklusion. Eine kritische Auseinandersetzung mit dem Konzept von Andreas Hinz. Oberhausen: Athena, 2. Aufl.

Reich, K. (2012): Inklusion und Bildungsgerechtigkeit. Standards und Regeln zur Umsetzung einer inklusiven Schule. Weinheim und Basel: Beltz, 1. Aufl.

Azun, S. (2013): Zusammenarbeit mit Eltern: Respekt für jedes Kind – Respekt für jede Familie. In: Wagner, P. (Hrsg.): Handbuch Inklusion. Grundlagen vorurteilsbewusster Bildung und Erziehung. Freiburg: Herder, S. 222-241

Boldaz-Hahn, S. (2013): Vielfalt und Diskriminierung im Erleben von Kindern. „Weil ich dunkle Haut habe"- Rassismuserfahrungen im Kindergarten. In: Wagner, P. (Hrsg.): Handbuch Inklusion. Grundlagen vorurteilsbewusster Bildung und Erziehung. Freiburg: Herder, S. 139-149

Krause, K. (2013): Vielfalt und Diskriminierung im Erleben von Kindern. „Woher kommst du?"- Wie junge Kinder Herkunftsfragen begreifen. In: Wagner, P. (Hrsg.): Handbuch Inklusion. Grundlagen vorurteilsbewusster Bildung und Erziehung. Freiburg: Herder, S. 129-138

Neuhaus, D.K. (2013): Vielfalt und Diskriminierung im Erleben von Kindern. Heterogenität als Motor für Bildungsprozess- Für Kinder mit und Kinder ohne Behinderung. In: Wagner, P. (Hrsg.): Handbuch Inklusion. Grundlagen vorurteilsbewusster Bildung und Erziehung. Freiburg: Herder, S. 107-128

Wagner, P. (Hrsg.) (2013): Handbuch Inklusion. Grundlagen vorurteilsbewusster Bildung und Erziehung. Freiburg: Herder, 1. Aufl.

Richter-Kornweitz, A. (2013): Vielfalt und Diskriminierung im Erleben von Kindern. „Meine Mutter hat ja kein Geld"- Soziale Ungerechtigkeit und Armut in der Wahrnehmung von Kindern. In: Wagner, P. (Hrsg.): Handbuch Inklusion. Grundlagen vorurteilsbewusster Bildung und Erziehung. Freiburg: Herder, S. 174-185

Rohrmann, T. (2013): Vielfalt und Diskriminierung im Erleben von Kindern. Geschlechtsbewusste Pädagogik- Eine Gratwanderung. In: Wagner, P. (Hrsg.): Handbuch Inklusion. Grundlagen vorurteilsbewusster Bildung und Erziehung. Freiburg: Herder, S. 93-106

Sulzer, A. (2013): Inklusion als Werterahmen für Bildungsgerechtigkeit. In: Wagner, P. (Hrsg.): Handbuch Inklusion. Grundlagen vorurteilsbewusster Bildung und Erziehung. Freiburg: Herder, S. 12 – 22

Ahrbeck, B. (2014): Inklusion. Eine Kritik. Stuttgart: Kohlhammer, 2. Aufl.

Werning, R. / Werning, M. (2015): Herausforderung Inklusion in Schule und Unterricht. Grundlagen, Erfahrungen, Handlungsperspektiven. Seelze: Friedrich, 1. Aufl.

Internetquellen:

Deutsche UNESCO – Kommission (Hrsg.) (2014): Inklusion. Leitlinien für die Bildungspolitik. Bonn: 3. Aufl. URL: https://www.unesco.de/sites/default/files/2018-05/2014_Leitlinien_inklusive_Bildung.pdf (Zugriff 03.03.2022)

BEI GRIN MACHT SICH IHR
WISSEN BEZAHLT

- Wir veröffentlichen Ihre Hausarbeit,
  Bachelor- und Masterarbeit

- Ihr eigenes eBook und Buch -
  weltweit in allen wichtigen Shops

- Verdienen Sie an jedem Verkauf

Jetzt bei www.GRIN.com hochladen
und kostenlos publizieren